Impressum
Verlag: BABADADA GmbH, Nedderfeld 112 , 22529 Hamburg
Geschäftsführer / Verlagsleitung: Harald Hof
Druck: Books on Demand GmbH, In de Tarpen 42, 22848 Norderstedt

Imprint
Publisher: BABADADA GmbH, Nedderfeld 112 , 22529 Hamburg, Germany
Managing Director / Publishing direction: Harald Hof
Print: Books on Demand GmbH, In de Tarpen 42, 22848 Norderstedt, Germany

xue xiao

ትምህርት ቤት

jiao shi
መማሪያ ክፍል
chu
ማካፈል
186/2
hei ban
ሰሌዳ
lao shi
መምህር
zhi
ወረቀት
shu xie
መፃፍ
gang bi
ban gong zhuo
መፃፊያ ጠረጴዛ
zhi chi
ማስመሪያ
shu
መጽሐፍ
xue sheng
ተማሪ

shu bao

የጀርባ ቦርሳ

qian bi he

የእርሳስ መያዣ

qian bi

እርሳስ

juan bi dao

የእርሳስ መቅረጫ

xiang pi ca

ላጲስ

hua ban

የስዕል ደብተር

tu hua

ስዕል

hua bi

የቀለም ብሩሽ

yan liao he

የቀለም ሳጥን

jian dao

ቀስ

jiao shui

ማጣበቂያ

lian xi ce

ል   ደብተር

jia ting zuo ye

የ ት ስራ

shu zi

ቁጥር

jia

ደ   ር

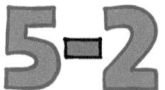

jian

ቀነስ

cheng

ማባዛት

ji suan

ቁጥሮችን ማስላት

zi mu

ደብዳ

zi mu biao

ፊደላት

zi

ቃል

ke wen

ፅሑፍ

du

ማንበብ

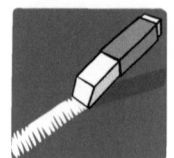

fen bi

ጠመኔ

shang ke

ትምህርት

deng ji

ምዝገባ

kao shi

ፈተና

zheng shu

ሰርተፊኬት

xiao fu

የትምህርት ቤት የደንብ ልብስ

jiao yu

ትምህርት

bai ke quan shu

አዉደ ጥበብ

da xue

ዩኒቨርስቲ

xian wei jing

የምርምር አጉሊ መሳርያ

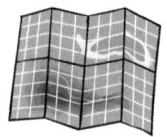

di tu

ካርታ

fei zhi kuang

የቆሻሻ ወረቀት መጣያ ቅርጫት

lü xing

ጉዞ

jiu dian
ሆቴል
Grand
qing nian lü xing she
ማረፊያ ቤት
ROOMS
EXCHANGE
wai bi dui huan chu
የውጭ ገንዘብ ምንዛሪ ቢሮ
shou ti xiang
ልብስ መያዣ ሻንጣ
qi che
መኪና

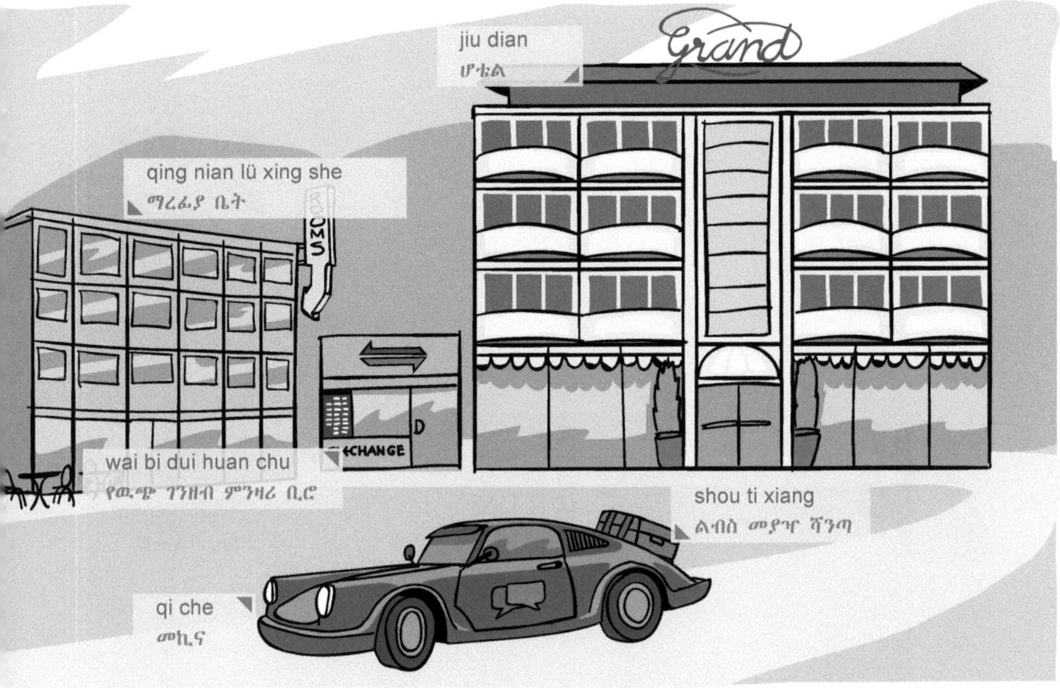

yu yan

ቋንቋ

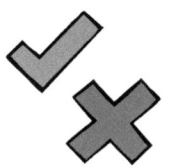

shi/fou

አዎ/ አይደለም

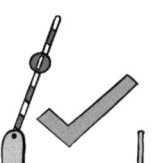

hao de

እሺ

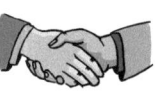

nin hao

ሰላም

fan yi yuan

አስተርጓሚ

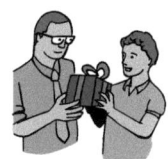

xie xie

አመሰግናለሁ

......duo shao qian?

ስንት ነዉ.......?

wo bu ming bai

አልገባኝም

wen ti

እክል

wan shang hao!

እንደምን አመሹ!

zao shang hao!

እንደምን አደሩ!

wan an!

መልካም ምሽት!

zai jian

ደህና ይሰንብቱ

fang xiang

አቅጣጫ

xing li

ሻንጣ

bao

ቦርሳ

shuang jian bao

የጀርባ ቦርሳ

ke ren

እንግዳ

fang jian

ክፍል

shui dai

የመተኛ ቦርሳ

zhang peng

ድንኳን

lü you xin xi

የጎብኚዎች መረጃ

hai tan

የባህር ዳርቻ

xin yong ka

ክሬዲት ካርድ

zao can

ቁርስ

wu can

ምሳ

wan can

እራት

piao

ቲኬት

dian ti

አሳንሰር

you piao

ማህተም

bian jie

ድንበር

hai guan

ባህሎች

da shi guan

ኤምባሲ

qian zheng

ቪዛ/የይለፍ ወረቀት

hu zhao

ፓስፖርት

jiao tong yun shu

መጓጓዣ

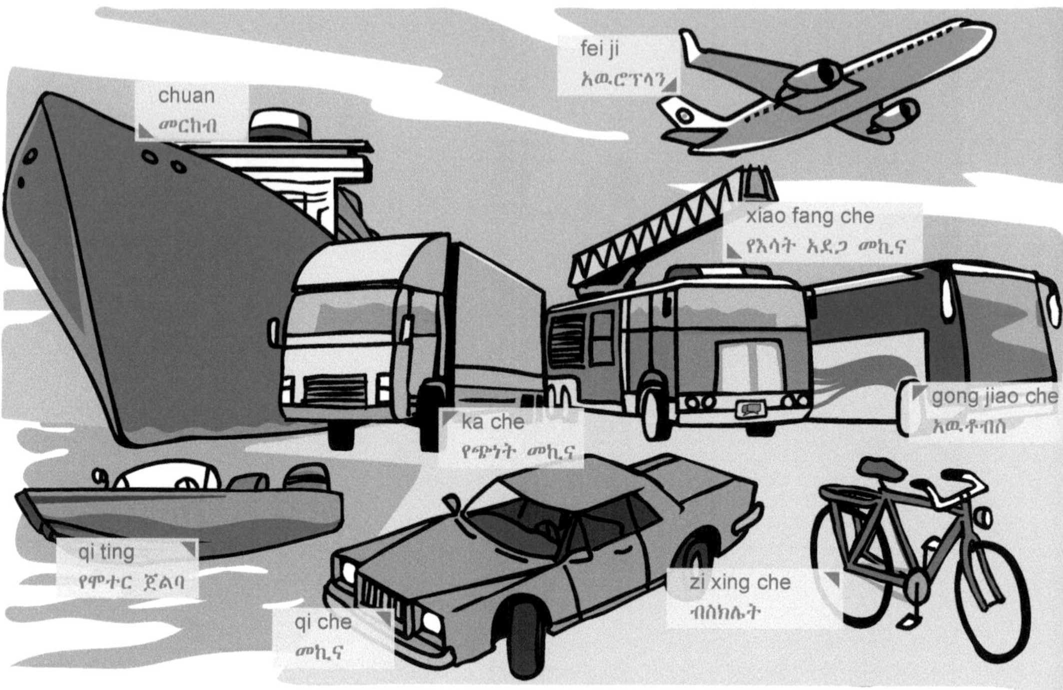

fei ji
አዉሮፕላን
chuan
መርከብ
xiao fang che
የእሳት አደጋ መኪና
gong jiao che
አዉቶብስ
ka che
የጭነት መኪና
qi ting
የሞተር ጀልባ
zi xing che
ብስክሌት
qi che
መኪና

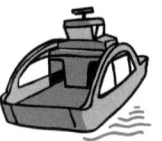

bai du chuan

የማመላለሻ ጀልባ

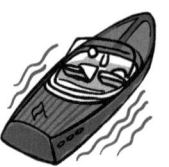

xiao chuan

ጀልባ

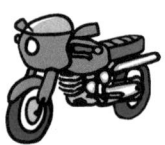

mo tuo che

የሞተር ብስክሌት

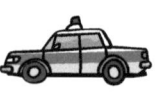

jing che

የፖሊስ መኪና

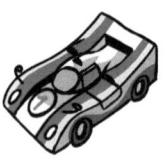

sai che

የዉድድር መኪና

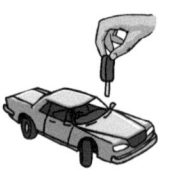

zu che

የኪራይ መኪና

pin che

የመኪና መጋራት

tuo che

ጎታች መኪና

la ji che

የቆሻሻ ጭነት መኪና

fa dong ji

ሞተር

qi you

ነዳጅ

jia you zhan

የቤንዚን ማደያ

jiao tong biao zhi

የመንገድ ምልክት

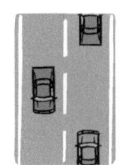

jiao tong

የመኪኖች እንቅስቃሴ

jiao tong du sai

የመኪና መ ናነቅ

ting che chang

የመኪና ማቆሚያ

huo che zhan

የባቡር ጣቢያ

gui dao

የባቡር ሀዲዶች

huo che

ባቡር

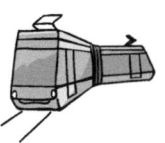

dian che

የኤሌክትሪክ ባቡር

huo che

ሰረገላ

zhi sheng ji

ሄሊኮፕተር

ji chang

አየር ማረፊያ

ta

ማማ

cheng ke

መንገደኛ

ji zhuang xiang

ማስቀመጫ፤ ማጠራቀሚያ

zhi ban xiang

ካርቶን እቃ ማሸጊያ

shou tui che

ጋሪ፤ ተሳቢ

lan zi

ቅርጫት

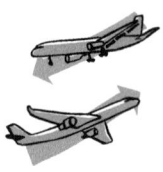

qi fei/jiang luo

መነሳት/ ማረፍ

cheng shi

ከተማ

cun zhuang

መንደር

shi zhong xin

የከተማ ማዕከል

fang zi

ቤት

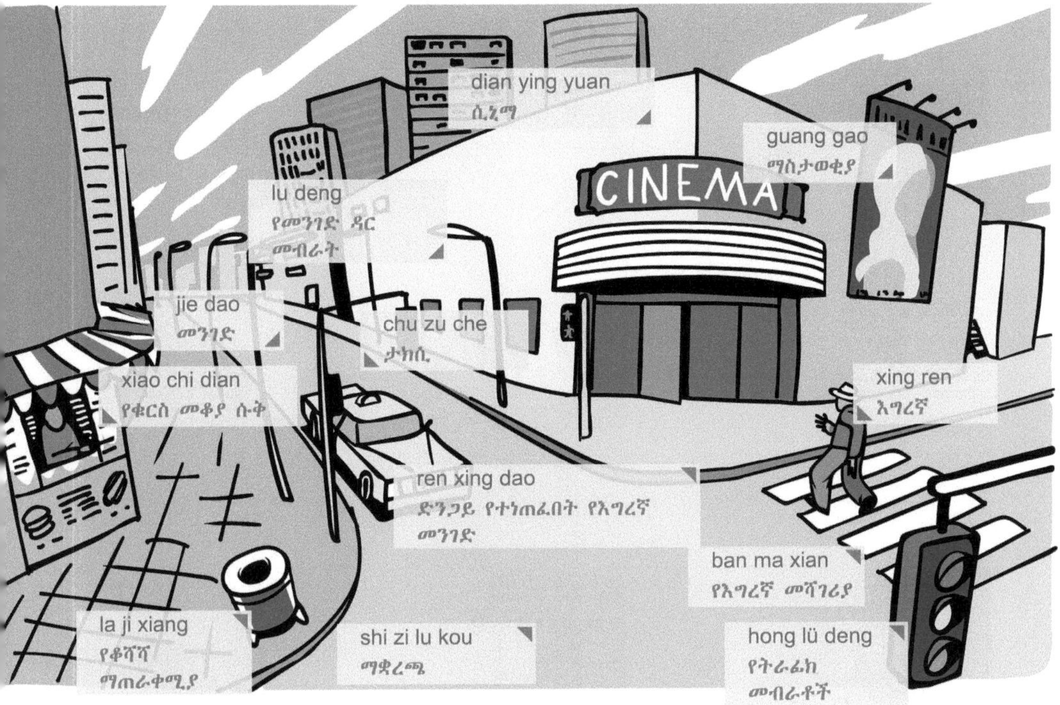

dian ying yuan
ሲኒማ
CINEMA
guang gao
ማስታወቂያ
lu deng
የመንገድ ዳር መብራት
jie dao
መንገድ
chu zu che
ታክሲ
xiao chi dian
የቁርስ መቆያ ሱቅ
xing ren
እግረኛ
ren xing dao
ድንጋይ የተነጠፈበት የእግረኛ መንገድ
ban ma xian
የእግረኛ መሻገሪያ
la ji xiang
የቆሻሻ ማጠራቀሚያ
shi zi lu kou
ማቋረጫ
hong lü deng
የትራፊክ መብራቶች

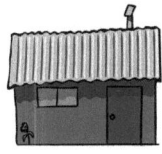

xiao wu

ጎጆ

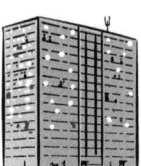

gong yu

አፓርታማ

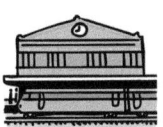

huo che zhan

የባቡር ጣቢያ

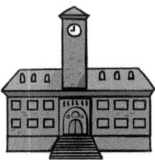

shi zheng ting

የከተማ አዳራሽ

MUSEUM

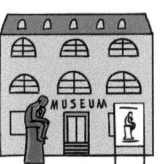

bo wu guan

ቤተ መዘክር

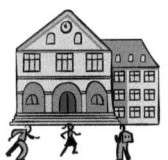

xue xiao

ትምህርት ቤት

da xue

ዩኒቨርስቲ

yin hang

ባንክ

yi yuan

ሆስፒታል

jiu dian

ሆቴል

yao fang

መድሐኒት ቤት

ban gong shi

ቢሮ

shu dian

መፅሐፍ መሸጫ

shang dian

ሱቅ

hua dian

የአበባ መሸጫ

chao shi

የሸቀጣ ሸቀጥ መደብር

shi chang

ገበያ ስፍራ

bai huo shang dian

መደብር

yu dian

የዓሳ ነጋዴ

gou wu zhong xin

የገበያ ማዕከል

hai gang

ወደብ

gong yuan

መናፈሻ ቦታ

chang deng

አግዳሚ ወንበር

qiao

ድልድይ

lou ti

ደረጃዎች

di tie

ዉስጥ ለዉስጥ

sui dao

ዋሻ

gong jiao che zhan

የአዉቶቡስ ፌርማታ

jiu ba

ባር

can guan

ምግብ ቤት

you tong

የፖስታ ሳጥን

lu biao

የመንገድ ምልክት

ting che ji shi qi

የመኪና ማቆሚያ ሒሳብ የሚያሰላ ማሽን

dong wu yuan

የደር እንስሳት ማቆያ

you yong guan

የመዋኛ ገንዳ

qing zhen si

መስጊድ

nong chang

እርሻ

wu ran

የሚበክል ነገር

mu di

መቃብር ስፍራ

jiao tang

ቤተ ክርስቲያን

cao chang

መጫወቻ ሜዳ

si miao

ቤተ መቅደስ

di xing

መልከዓምድር

shu ye
ቅጠል
zhi shi pai
የመንገድ ላይ ምልክት
lu
መንገድ
cao di
አረንጓዴ መስክ
shi tou
ድንጋይ
tu bu lü xing zhe
በእግሩ የሚጓዝ
shu
ዛፍ
he
ወንዝ
cao
ሳር
hua
አበባ

xia gu

ሸለቆ

shan

ኮረብታ

hu

ሀይቅ

sen lin

ጫካ

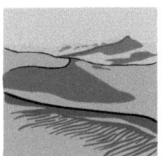

sha mo

በረሃ

huo shan

እሳተ ገሞራ

cheng bao

ግምብ

cai hong

ቀስተ ዳመና

mo gu

እንጉዳይ

zong lü shu

የቴምብር ዛፍ/ ዘንባባ

wen zi

ቢንቢ/ የወባ ትንኝ

cang ying

በራሪ

ma yi

ጉንዳን

mi feng

ንብ

zhi zhu

ሸረሪት

jia chong

ጢንዚዛ

qing wa

እንቁራሪት

song shu

ሽኮኮ

ci wei

ጃርት

ye tu

ጥንቸል

mao tou ying

ጉጉት ወፍ

niao

ወፍ

tian e

የዉሃ ዳክዬ

ye zhu

ከርከሮ

lu

አጋዘን

mi lu

አጋዘን

shui ba

ግድብ

feng li fa dian ji

በነፋስ የሚሽከረከር

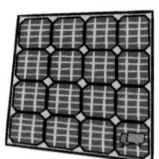

tai yang neng dian chi ban

የፀሀይ ፓኔሎ

qi hou

አየር ንብረት

fu wu yuan
አስተናጋጅ

cai dan
ማዉጫ

yi zi
ወንበር

pi sa bing
ፒዛ

tang
ሾርባ

zhuo bu
የጠረጴዛ ጨርቅ

can ju
መክተፌያ

qian cai
የምግብ ፍላጎትን የሚከፍት ምግብ

zhu cai
ዋና ምግብ

tian dian
ማጣጣሚያ ተከታይ ምግብ

yin liao
መጠጦች

shi wu
ምግብ

ping zi
ጠርሙስ

kuai can

ፈጣን ምግብ

jie bian xiao chi

የመንገድ ምግብ

cha hu

የሻይ ማንቆርቆሪያ

tang he

የስኳር እቃ

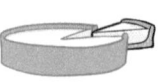

yi fen fan cai

ድርሻ

yi shi ka fei ji

የቡና ማፊያ ማሽን

gao jiao yi

ባለጌ ወንበር

zhang dan

የክፍያ ደረሰኝ

tuo pan

ትሪ

dao

ቢላዋ

can cha

ሹካ

shao zi

ማንኪያ

cha chi

የሻይ ማንኪያ

can jin

ልብስ ምግብ እንዳይነካ የሚረዳ ጨርቅ

bo li bei

ብርጭቆ

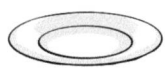

die zi

ዝርግ ሰሀን

tang pan

የሾርባ ጎድጓዳ ሰሀን

die zi

የስኒ ማስቀመጫ

jiang

ማጣፈጫ ስጎ

yan ping

የጨዉ እቃ

hu jiao mo

የተፈጨ ቃሪያ

cu

ኮምጣጤ

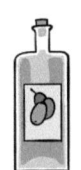

shi yong you

የምግብ ዘይት

tiao wei liao

ቀመማ ቅመሞች

fan qie jiang

የቲማቲም ድልህ

jie mo

ሰናፍጭ

dan huang jiang

ማዮኒዝ

chao shi

የሸቀጣ ሸቀጥ መደብር

te jia
ልዩ አቅራቦት
FOR
gu ke
ደምበኛ
ru zhi pin
የወተት ተዋፅዖ
shui guo
ፍራፍሬ
gou wu che
ባለ ጎማ የእጅ ጋሪ

rou pu

ሉካንዳ ነጋዴ

mian bao fang

መጋገርያ

cheng zhong

ክብደት መመዘን

shu cai

ቅጠላ ቅጠል አትክልት

rou

ስጋ

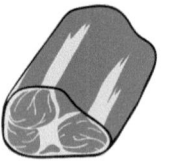

leng dong shi pin

የቀዘቀዘ/የረጋ ምግብ

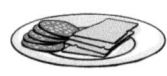

leng pan
....
ቀዝቃዛ ቁራጭ

guan tou shi pin
....
የታሸገ ምግብ

xi yi fen
....
የማጠቢያ ዱቄት

tian shi
....
ጣፋጮች

ri yong pin
....
የቤት ዉስጥ ዉጤቶች

qing jie yong pin
....
የፅዳት ምርቶች

xiao shou yuan
....
የሽያጭ ባለሙያ

shou yin ji
....
የገንዘብ መመዝቢያ ማሽን

shou yin yuan
....
የሒሳብ ሰራተኛ

gou wu qing dan
....
የግዢ ዝርዝር

kai fang shi jian
....
ክፍት ሰዓታት

qian bao
....
የኪስ ቦርሳ

xin yong ka
....
ክሬዲት ካርድ

dai zi
....
ቦርሳ

su liao dai
....
የፕላስቲክ ቦርሳ

chao shi - የሸቀጣ ሸቀጥ መደብር 21

yin liao

መጠጦች

shui

ዉሃ

guo zhi

ጭማቂ

niu nai

ወተት

ke le

ኮካ-ኮላ

hong jiu

ወይን

pi jiu

ቢራ

jiu

አልኮል

ke ke

ኮካ

cha

ሻይ

ka fei

ቡና

yi shi nong suo ka fei

የተፈላ ቡና

ka bu qi nuo

ካፑቺኖ

xiang jiao

ሙዝ

ping guo

ፖም

cheng zi

ብርቱካን

xi gua

ሀብሀብ

ning meng

ሎሚ

hu luo bo

ካሮት

da suan

ነጭ ሽንኩርት

zhu zi

ሸምበቆ

yang cong

ቀይ ሽንኩርት

mo gu

እንጉዳይ

jian guo

ለዉዝ

mian tiao

የህፃናት ምግብ

yi da li mian tiao

ፓስታ

mi fan

ሩዝ

sha la

ሰላጣ

shu tiao

የድንች ጥብስ

zha tu dou

ድንች ጥብስ

pi sa bing

ፒዛ

han bao bao

ዳቦ ዉስጥ በስሱ ተጠብሶ የገባ ስጋ

san ming zhi

ሳንድዊች

zha zhu pai

ጥሬ ስጋ

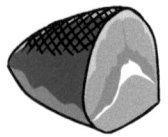

huo tui

የአሳማ ስጋ

sa la mi

በቅመምና በጨዉ የታሸ ምግብ ቀዝቅዞ የሚበላ ሾርባ ምግብ

xiang chang

ቋሊማ

ji rou

ዶሮ

kao rou

ጥብስ

yu

አሳ

yan mai pian

የአጃ ገንፎ

mu zi li

ከወተት ጋር ተደባልቀዉ የሚበሉ ምግቦች

yu mi pian

የበቆሎ ቅርፊት

mian fen

ዱቄት

yang jiao mian bao

ኩራሳ

mian bao juan

ድብልብል ዳቦ

mian bao

ዳቦ

kao mian bao

መጥበስ

bing gan

ብስኩት

huang you

ቅቤ

ning ru

እርጎ

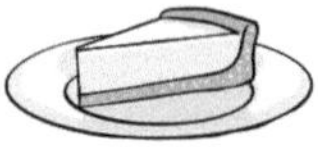

dan gao

ኬክ

dan

እንቁላል

jian dan

እንቁላል ጥብስ

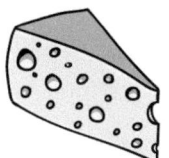

nai lao

አይብ

bing ji lin

የበረዶ ክሬም

tang

ስኳር

feng mi

ማር

guo jiang

ማርማላት

qiao ke li jiang

የተናጠ የወተት ክሬም

ga li fan

ማጣፈጫ

nong chang

እርሻ

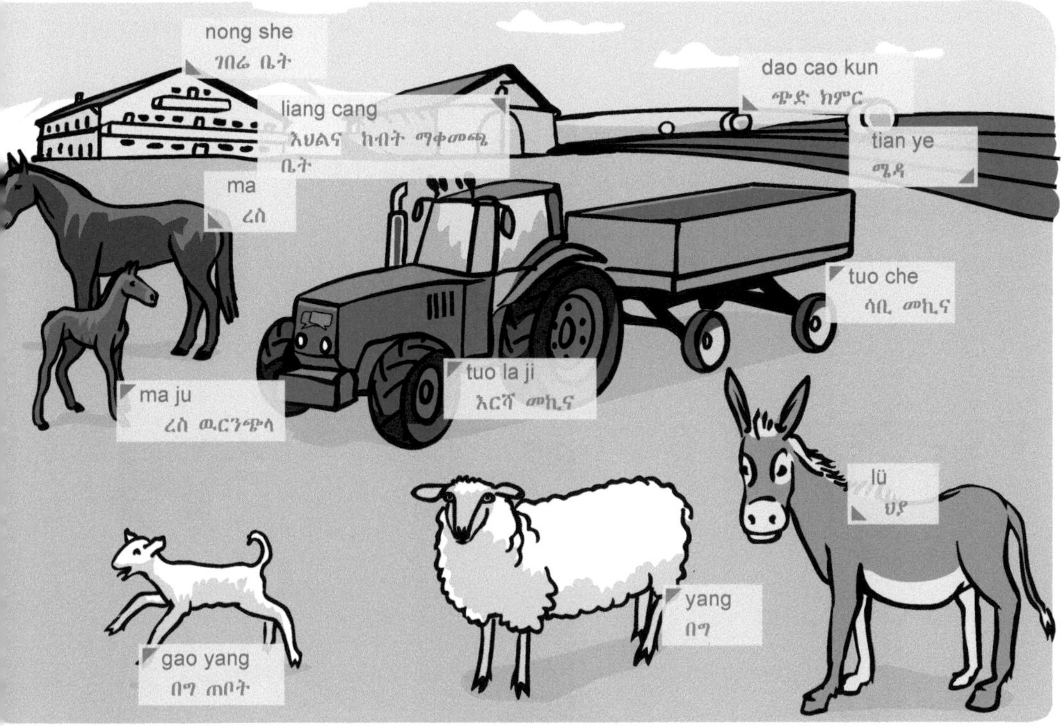
nong she
ገበሬ ቤት
liang cang
እህልና ከብት ማቀመጫ ቤት
dao cao kun
ጭድ ክምር
tian ye
ሜዳ
ma
ረስ
tuo che
ሳቢ መኪና
tuo la ji
እርሻ መኪና
ma ju
ረስ ዉርንጭላ
lü
ህያ
yang
በግ
gao yang
በግ ጠቦት

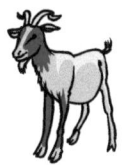

shan yang

ፍ ል

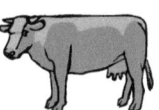

nai niu

ላም

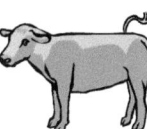

niu du

ጥጃ

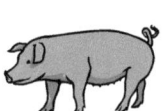

zhu

ሳማ

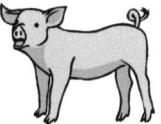

xiao zhu

ግልገል ሳማ

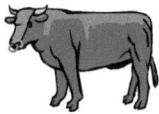

gong niu

ኮርማ

e

ዝይ

ya

ዳክዬ

xiao ji

የዶሮ ጫጩት

mu ji

ዶሮ

gong ji

አዉራ ዶሮ

shu

አይጥ

mao

ድድመት

lao shu

አይጥ

niu

በሬ

gou

ዉሻ

gou wu

የዉሻ ቤት

hua yuan jiao shui ruan guan

የአትክልት ቦታ

sa shui hu

ዉሃ ማጠጫ ባልዲ

chang bing da lian dao

ረጅም ማጭድ

li

ማረሻ

lian dao

ማጭድ

chu tou

መኮትኮቻ

chang bing cao pa

የእህል መንሽ

fu tou

መጥረቢያ

du lun shou tui che

ኩርኩር/ የእጅ ጋሪ

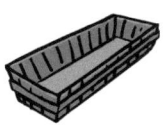

si liao cao

ገንዳ

niu nai guan

የወተት ዕቃ

ma bu dai

ጆንያ ከረጢት

zha lan

አጥር

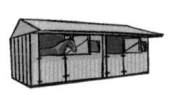

ma jiu

የፈረስ ጋጣ

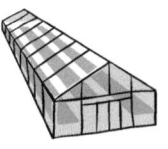

wen shi

ዕፅዋት ማሳደጊያ የመስታዉት
ቤት

tu rang

አፈር

zhong zi

ዘር

fei liao

የመሬት ማዳበሪያ

lian he shou ge ji

ጥምር ማረሻ

shou ge

አዝመራ መሰብሰብ

shou ge

አዝመራ

shan yao

ድንች

xiao mai

ስንዴ

da dou

ሶያ

tu dou

ድንች

yu mi

በቆሎ

you cai zi

የከብት መኖ

guo shu

የፍሬ ዛፍ

shu shu

የካሳቫ ዛፍ

gu wu

እህል

fang zi

ቤት

yan cong
wu ding
ጣራ
luo shui guan
አሸንዳ
chuang hu
መስኮት
che ku
ጋራዥ
men ling
የበር ደወል
men
በር
la ji tong
የቀቆሻሻ
ማጠራቀሚያ
xin xiang
ፖስታ ሳጥን
hua yuan
የአትክልት ቦታ

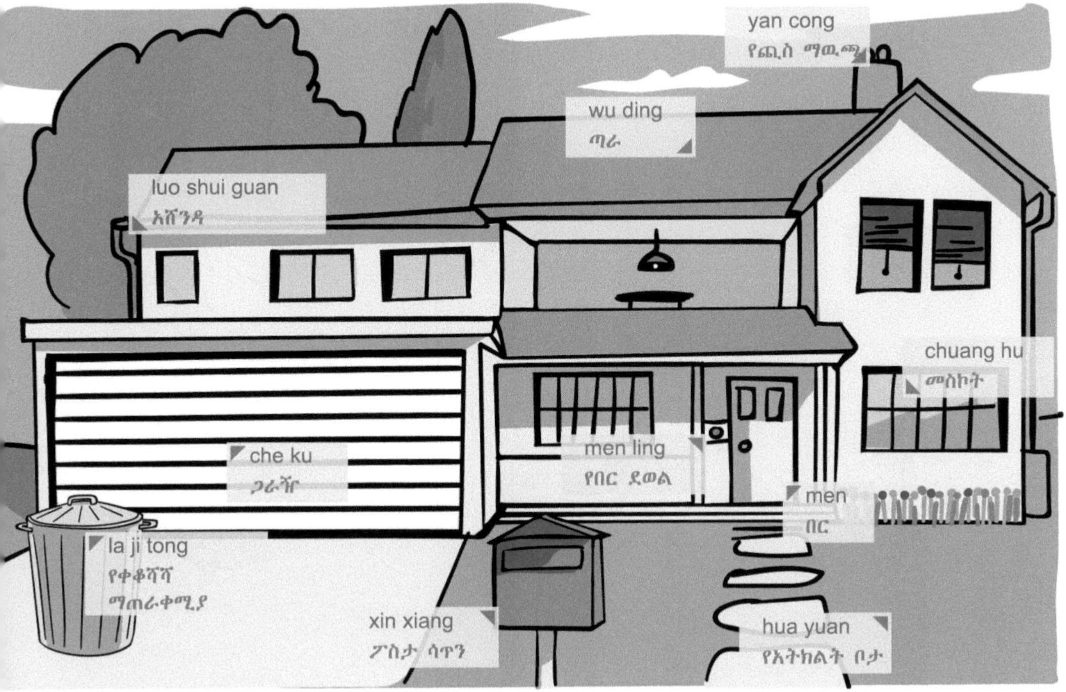

ke ting

ሳሎን

yu shi

መታጠቢያ ቤት

chu fang

ማድቤት

wo shi

መኝታ ቤት

er tong fang

የልጅ ክፍል

can ting

መመገቢያ ክፍል

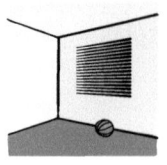

di ban

ወለል

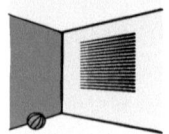

qiang bi

ግድግዳ

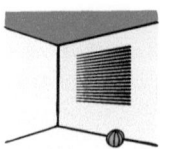

diao ding

ጣሪያ

di jiao

ምድር ቤት

sang na

በእንፋሎት ሙቀት መታጠቢያ
ቤት

yang tai

ሰገነት

lu tai

ከፍ ያለ መደብ

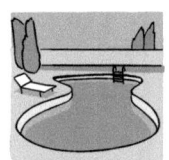

you yong chi

የመዋኛ ገንዳ

ge cao ji

የማጨጃ መኪና

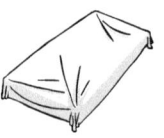

bei dan

አንሶላ

chuang zhao

የአልጋ ልብስ

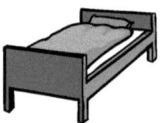

chuang

አልጋ

sao zhou

መጥረጊያ

shui tong

ባልዲ

kai guan

ማብሪያና ማጥፊያ

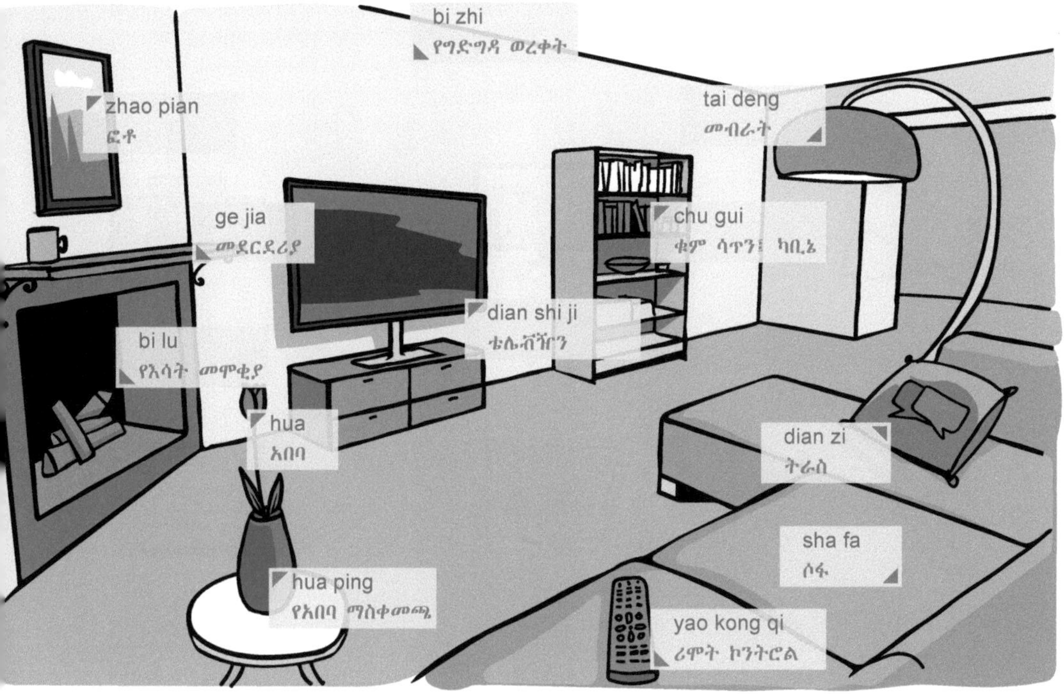

bi zhi
የግድግዳ ወረቀት

zhao pian
ፎቶ

tai deng
መብራት

ge jia
መደርደሪያ

chu gui
ቁም ሳጥን፤ ካቢኔ

dian shi ji
ቴሌቪዥን

bi lu
የእሳት መሞቂያ

hua
አበባ

dian zi
ትራስ

hua ping
የአበባ ማስቀመጫ

sha fa
ሶፋ

yao kong qi
ሪሞት ኮንትሮል

di tan

ንጣፍ

chuang lian

መጋረጃ

can zhuo

ጠረጴዛ

yi zi

ወንበር

yao yi

ተወዛዋዥ ወንበር

fu shou yi

ባለመደገፊያ ወንበር

shu

መጽሐፍ

tan zi

ብርድ ልብስ

zhuang shi pin

ጌጥ

mu chai

ማገዶ

dian ying

ፊልም

gao bao zhen yin xiang

የሙዚቃ መማጫወቻ

yao shi

ቁልፍ

bao zhi

ጋዜጣ

you hua

ስዕል

hai bao

የተለጠፈ ማስታወቂያ እንደ ስዕል

shou yin ji

ራዲዮ

bi ji ben

ማስታወሻ ደብተር

xi chen qi

የአየር ማፅጃ ለምንጣፍ

xian ren zhang

ቁልቋል

la zhu

ሻማ

chu fang

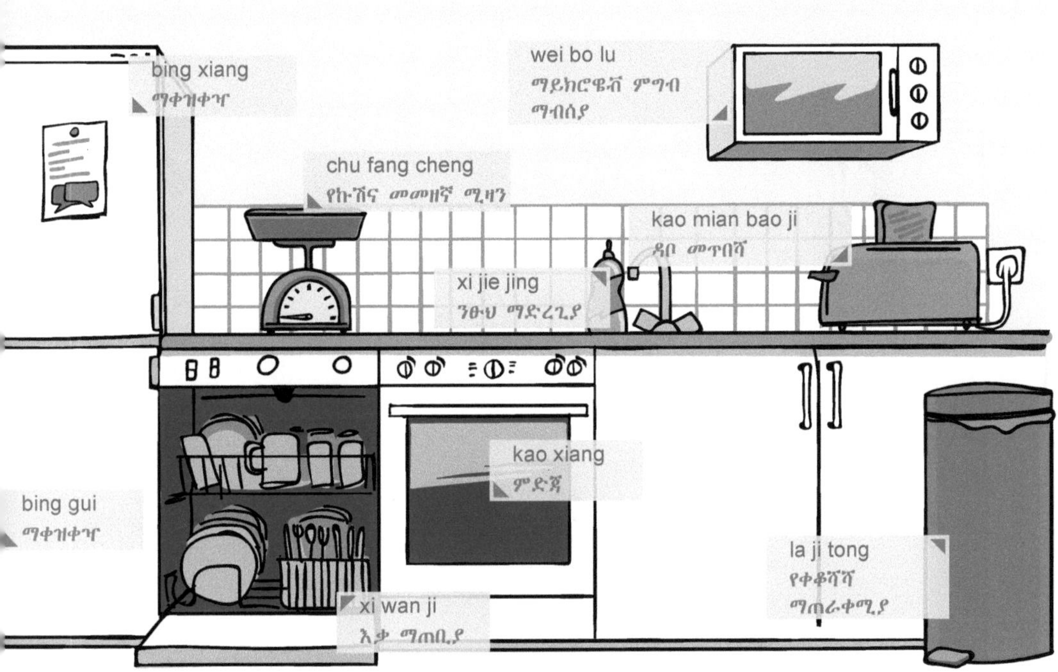

bing xiang
ማቀዝቀዣ
wei bo lu
ማይክሮዌቭ ምግብ ማብሰያ
chu fang cheng
የኩሽና መመዘኛ ሚዛን
kao mian bao ji
ዳቦ መጥበሻ
xi jie jing
ንፁህ ማድረጊያ
kao xiang
ምድጃ
bing gui
ማቀዝቀዣ
la ji tong
የቀቆሻሻ ማጠራቀሚያ
xi wan ji
እቃ ማጠቢያ

chui ju

ምግብ አብሳይ

guo

ማሰሮ

zhu tie guo

የብረት ማሰሮ

sha guo

ምግብ ማብሰያ ዝርግ ድስት

ping di guo

የምግብ መጥበሻ

shui hu

ማንቆርቆሪያ

chu fang - ማድቤት 35

zheng guo

የእንፋሎት ማብሰያ

kao pan

የመጋገሪያ ትሪ

tao ci guo

ሰብስቦች

ma ke bei

ትልቅ ኩባያ

wan

ጎድጓዳ ሳህን

kuai zi

ቾፕስቲክስ

chang bing shao

ጭልፋ

chan zi

መሰቅሰቂያ ዝርግ ማንኪያ

jiao ban qi

ማደባለቂያ

lü wang

መወጠሪያ

shai zi

ወንፊት

mo sui ji

መፈርፈሪያ መሳሪያ

yan bo

ሲሚንቶ

shao kao

የፍም ጥብስ

ming huo

የተለቀቀ እሳት

cai ban

መክተፊያ

gan mian zhang

ተንሸራታች መርፌ

kai ping qi

የጠርሙስ መክፈቻ

guan zi

ጣሳ

kai ping qi

የጣሳ መክፈቻ

ge re shou tao

የማሰሮ መሸፈኛ

shui cao

ሳህን ማጠቢያ

shua zi

ብሩሽ

hai mian

ስፖንጅ

jiao ban ji

መደባለቂያ መሳሪያ

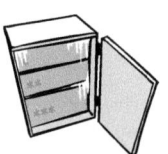

leng cang xiang

በጣም ማቀዝቀዣ

nai ping

ጡጦ

shui long tou

ቧንቧ

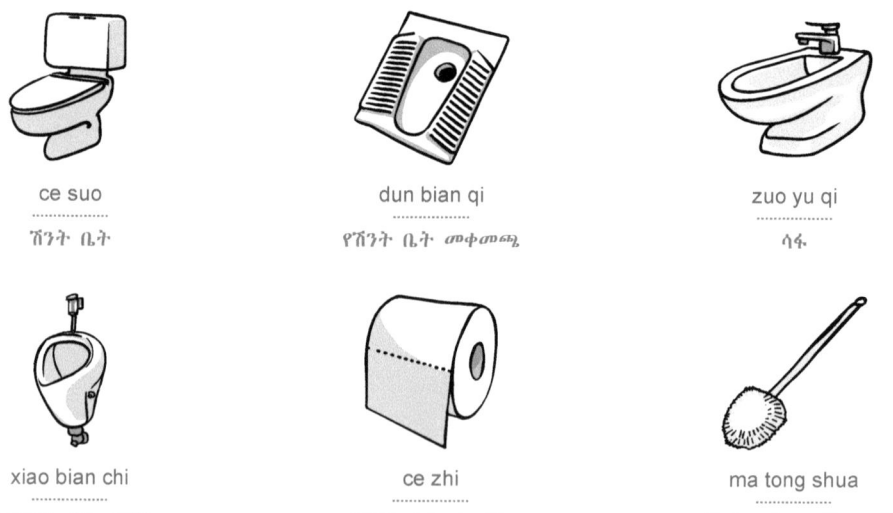

yu shi

መታጠቢያ ቤት

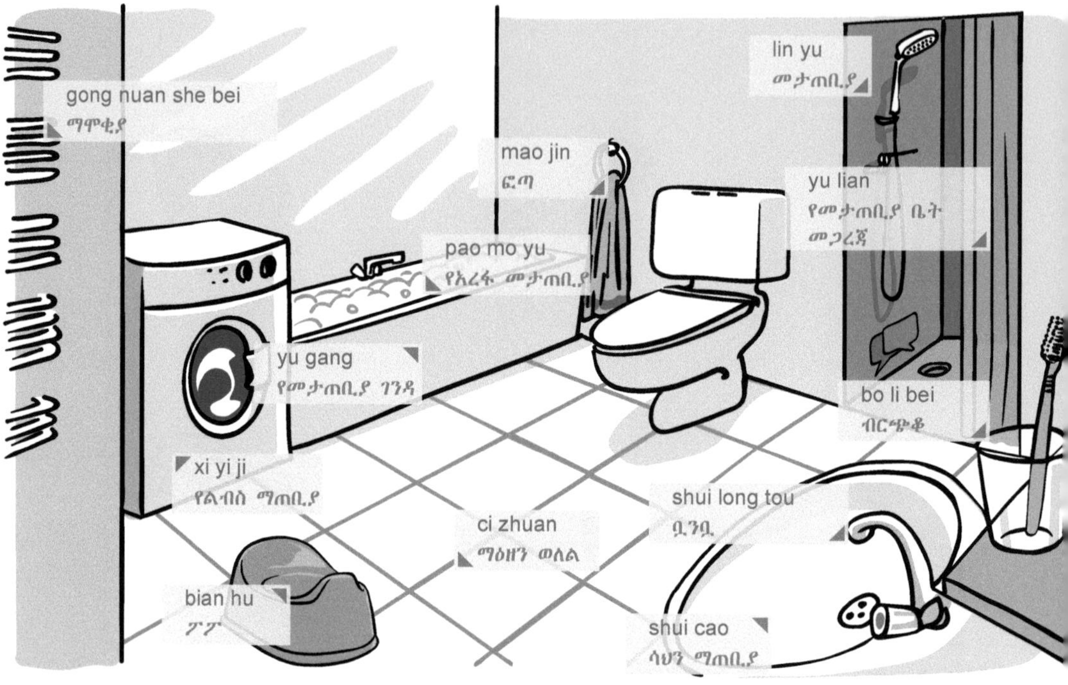

gong nuan she bei
ማሞቂያ
መታጠቢያ
mao jin
ፎጣ
yu lian
የመታጠቢያ ቤት መጋረጃ
pao mo yu
የአረፋ መታጠቢያ
yu gang
የመታጠቢያ ገንዳ
bo li bei
ብርጭቆ
xi yi ji
የልብስ ማጠቢያ
shui long tou
ቧንቧ
ci zhuan
ማዕዘን ወለል
bian hu
shui cao
ሳህን ማጠቢያ

ce suo

ሽንት ቤት

dun bian qi

የሽንት ቤት መቀመጫ

zuo yu qi

ሳፋ

xiao bian chi

የመንገድ ዳር መሽኛ

ce zhi

የሽንት ቤት ወረቀት

ma tong shua

የሽንት ቤት ማፅጃ ብሩሽ

ya shua

የጥርስ ብሩሽ

ya gao

የጥርስ ሳሙና

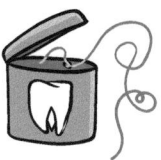

ya xian

የጥርስ ማፅጃ ክር

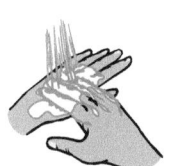

xi

መታጠብ

shou chi shi pen lin tou

የእጅ መታጠቢያ

chong xi qi

መታጠቢያ

xi lian pen

ጎድጓዳ ሳህን

ca bei shua

የጀርባ ብሩሽ

fei zao

ሳሙና

mu yu lu

መታጠቢያ የሚዝለገለግ ሳሙና

xi fa shui

የፀጉር መታጠቢያ ሳሙና

fa lan rong

ለስላሳ ጨርቅ

pai shui

ፍሳሽ

ru shuang

ክሬም

chu chou ji

ጠረን መቀየሪያ ንጥረ ነገር

jing zi

መስታወት

shou jing

የእጅ መስታወት

ti xu dao

ምላጭ

ti xu pao mo

የመላጫ አረፋ

xu hou shui

ከመላጨት በኋላ የሚቀባ ሽቱ

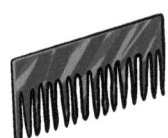

shu zi

ማበጠሪያ

shua zi

ብሩሽ

chui feng ji

የፀጉር ማድረቂያ

pen fa ding xing ji

በፀጉር ላይ የሚነፋ

hua zhuang pin

የፊት መቀባቢያ

chun gao

የከንፈር ቀለም

zhi jia you

የጥፍር ቀለም

hua zhuang mian

የጥጥ ሱፍ

zhi jia jian

ጥፍር መቁረጫ

xiang shui

ሽቶ

xi shu bao

....

ማጠቢያ ባልዲ

deng zi

....

መቀመጫ

ji zhong cheng

....

ሚዛን

yu pao

....

የመታጠቢያ ልብስ

xiang jiao shou tao

....

የላስቲክ ጓንት

wei sheng mian tiao

....

ሞዴስ

wei sheng jin

....

የፅዳት ፎጣ

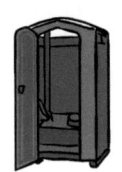

hua xue ce suo

....

የሽንት ቤት ኬሚካል

er tong fang

የልጅ ክፍል

nao zhong
የማንቂያ ደዉል ሰዐት
mao rong wan ju
የህፃን አሻንጉሊት
wan ju che
የመጫወቻ መኪና
bo lang gu
ማንገጫገጫ መጫወቻ
wan ju wu
የአሻንጉሊት ቤት
li wu
ስጦታ

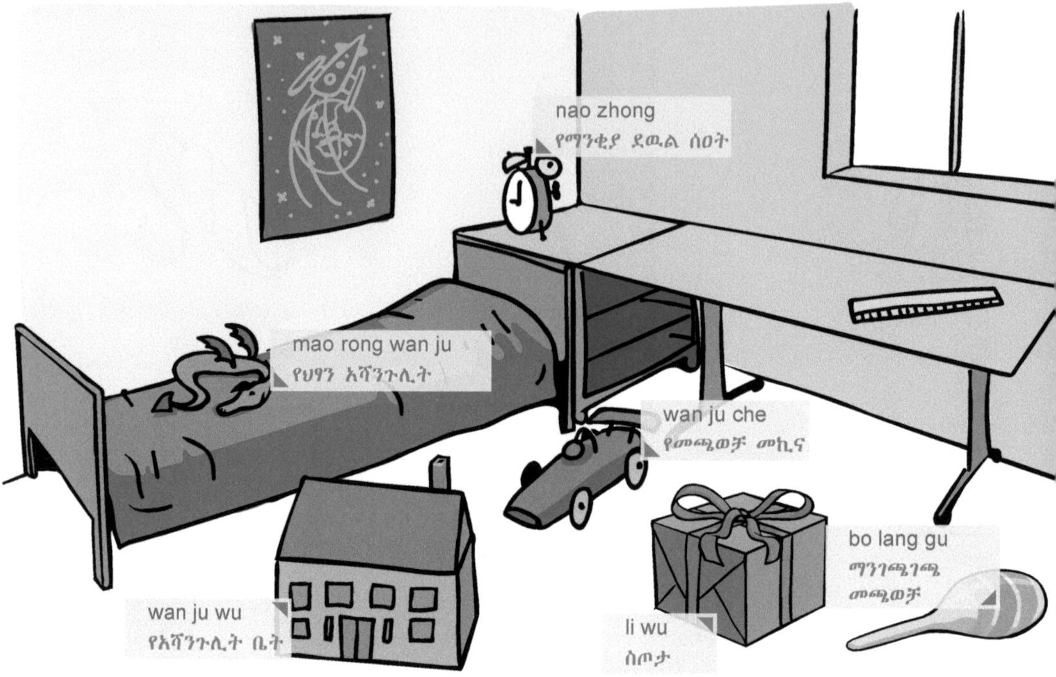

qi qiu

ፊኛ

chuang

አልጋ

(yang wa wa yong)ying er che

የህፃን ማንሸራሸሪያ ጋሪ

pu ke pai

የካርታ መጫወቻ

pin tu

ቁርጥራጭ ምስሎችን የማገጣጠም እና ምስል የማግኘት ጨዋታ

man hua

አዝናኝ

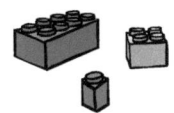

le gao ji mu

ተገጣጣሚ መጫወቻ

ji mu wan ju

የመጫወቻ መገጣጠሚያዎች

wan ju ren

የድርጊት ምስል

ying er fu

የህፃን እድገት

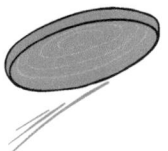

fei pan

የፕላስቲክ መጫወቻ ዝርግ ሰሀን

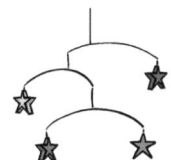

chuang ling wan ju

ተወ ዋኘ የህፃን ማጫወቻ

qi pan you xi

የሰሌዳ ጨዋታ

shai zi

የመጫወቻ ጠጠር

huo che mo xing

የመጫወቻ ባቡር

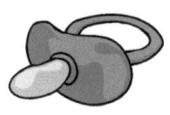

an fu nai zui

የእንጀራ እናት ጡጦ

ju hui

ድግስ

hui ben

የስዕል መፅሀፍ

qiu

ኳስ

yang wa wa

አሻንጉሊት

wan

መጫወት

sha keng

የአሸዋ መጫወቻ

qiu qian

ዥዋዥዌ

wan ju

መጫወቻዎች

you xi ji

የቪዲዮ መጫወቻ

san lun che

ባለ ሶስት ጎማ ብስክሌት

tai di xiong

የአሻንጉሊት ድብ

yi chu

ቁምሳጥን

yi fu
አልባሳት

wa zi

ካልሲዎች

chang wa

ስቶኪንጎች

jin shen ku

ታይት

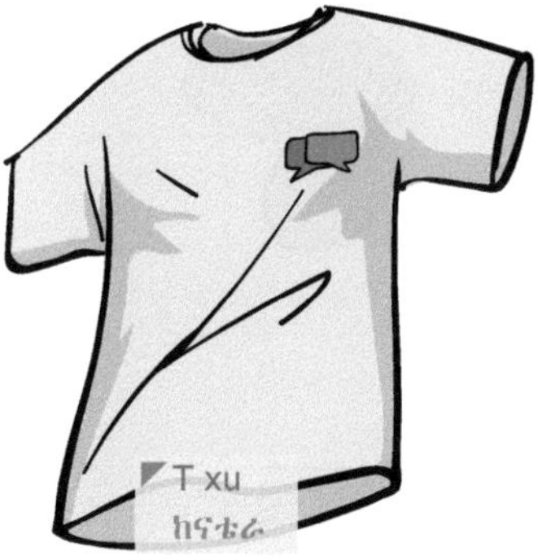

wei jin
የአንገት ልብስ

pi dai
ቀበቶ

yu san
ዣንጥላ

T xu
ከናቴራ

xue zi
ቦቲ

yun dong xie
ስኒከሮች

tuo xie
የቤት ዉስጥ ነጠላ ጫማ

liang xie

ነጠላ ጫማዎች

xie

ጫማዎች

yu xue

የዝናብ ቡትስ

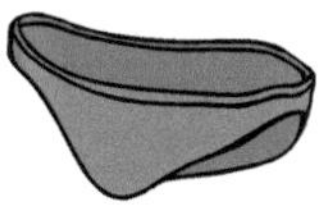

nei ku

ሙታንታ

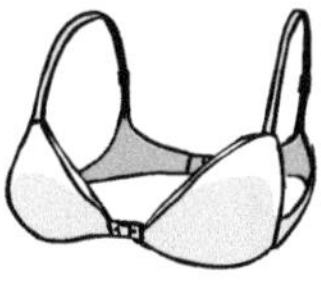

xiong zhao

ጡት መያዣ

bei xin

ስደርያ

shen ti

ሰዉነት

ku zi

ሱሪዎች

niu zai ku

ጅንስ

duan qun

ጉርድ ቀሚስ

nü shi chen shan

ሸሚዝ

chen shan

ሸሚዝ

tao tou shan

የሚጠለቅ ሹራብ

wei yi

ሹራብ

xi zhuang jia ke

ዩኒፎርም ጃኬት

jia ke

ጃኬት

wai tao

ኮት

yu yi

የዝናብ ኮት

tao zhuang

ልብስ

lian yi qun

ቀሚስ

hun sha

የሙሽራ ቀሚስ

xi zhuang

ሱፍ

shui pao

የለሊት ልብስ

shui yi

የለሊት ልብስ

sha li

ረጅም ቀሚስ

tou jin

ሂጃብ

bao tou jin

ጥምጣም

bo ka

ቡርቃ

ka fu tan

ሽርጥ

(a la bo shi)chang pao

አባያ

yong yi

የዋና ልብስ

nan shi yong ku

አጭር ቁምጣ

duan ku

ቁምጣዎች

yun dong fu

የስራ ቱታ

wei qun

ሽርጥ

shou tao

ጓንት

niu kou

ቁል ፍ

yan jing

መነፅር

shou lian

አምባር

xiang lian

የአንገት ሀብል

jie zhi

ቀለበት

er huan

የጆሮ ጌጥ

bian mao

ኮፍያ

yi jia

የኮት መስቀያ

mao zi

ኮፍያ

ling dai

ከረቫት

la lian

ዚፕ

tou kui

የብረት ቆብ

bei dai

መደገፊያ

xiao fu

የትምህርት ቤት የደንብ ል ብስ

zhi fu

የደንብ ል ብስ

wei dou

መሃረብ

an fu nai zui

የእንጀራ እናት ጡጦ

niao bu shi

ሽንት ጨርቅ

ban gong shi

ቢሮ

wen jian gui
የፋይል መደርደሪያ ካቢኔ

da yin ji
የህትመት መሳሪያ

zhi
ወረቀት

fu wu qi
ማስራጫ ጣቢያ

xian shi ping
መቆጣጠሪያ

shu biao
ማዉዝ

ban gong zhuo
መፃፊያ ጠረጴዛ

wen jian jia
ማህደር

jian pan
የመፃፊ ቁልፎች

fei zhi kuang
የቆሻሻ ወረቀት መጣያ ቅርጫት

dian nao
ኮምፒዉተር

yi zi
ወንበር

ka fei bei

የቡና መጠጫ ትልቅ ኩባያ

ji suan qi

ማስሊያ ማሽን

yin te wang

ኢንተርኔት

bi ji ben dian nao

ላፕቶፕ

xin jian

ደብዳቤ

xiao xi

መልዕክት

shou ji

ተንቀሳቃሽ ስልክ

wang luo

የግንኙነት አዉታር

fu yin ji

ማባዣ ማሽን

ruan jian

ሶፍትዌር

dian hua

ስልክ

cha zuo

የግድግዳ ሶኬት

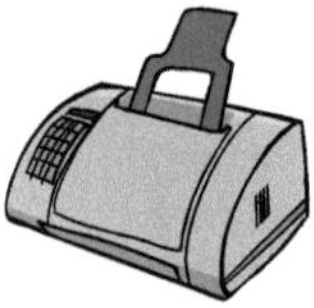

chuan zhen ji

የፋክስ ማሽን

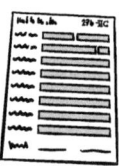

biao ge

ቅፅ

wen jian

ሰነድ

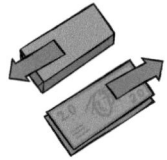

mai

መግዛት

fu qian

መክፈል

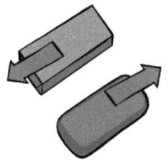

jiao yi

መነገድ

xian jin

ገንዘብ

mei yuan

ዶላር

ou yuan

ዩሮ

ri yuan

የን

lu bu

ሩብል

rui shi fa lang

የስዊዝ ፍራንክ

ren min bi

ሬንሚንቢ ዩዋን

lu bi

ሩጲ

ti kuan chu

የገንዘብ ነጥብ

wai bi dui huan chu

የዉጭ ገንዘብ ምንዛሪ ቢሮ

jin

ወርቅ

yin

ብር

shi you

ዘይት

neng yuan

ሀይል፤ ጉልበት

jia ge

ዋጋ

he tong

ግንኙነት

shui jin

ቀረጥ

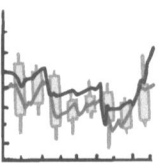

gu piao

አክስዮን

gong zuo

መስራት

zhi yuan

ተቀጣሪ

lao ban

ቀጣሪ

gong chang

ፋብሪካ

shang dian

ሱቅ

jing guan
ፖሊስ ዣር

xiao fang yuan
እሳት ደጋ ሰራተኛ

chu shi
ምግብ ብሳይ

yi sheng
ዶክተር

fei xing yuan
ብራሪ

yuan ding

ትክልተኛ

mu jiang

ናጢ

cai feng

ልብስ ሰፊ ቤት

fa guan

ዳኛ

hua xue jia

ቀማሚ

yan yuan

ተዋናይ

gong jiao che si ji

የአዉቶቢስ ሹፌር

chu zu che si ji

የታክሲ ሹፌር

yu fu

አሳ አጥማጅ

qing jie nü gong

ፅዳት ሰራተኛ

wu ding gong

የጣራ ሰራተኛ

fu wu yuan

አስተናጋጅ

lie ren

አዳኝ

hua jia

ሰዓሊ

mian bao shi

ጋጋሪ

dian gong

የኤሌትሪክ ሰራተኛ

jian zhu gong ren

ገምቢ

gong cheng shi

መሃሃዲስ

tu fu

ልኳንዳ

shui guan gong

የቧንቧ ሰራተኛ

you di yuan

የፖስታ ሰራተኛ

shi bing

ወታደር

jian zhu shi

መሃንዲስ

shou yin yuan

የሒሳብ ሰራተኛ

hua nong

አበባ ሻጭ

li fa shi

የፀጉር ሰራተኛ

shou piao yuan

ቲኬት ቆራጭ

ji xie shi

መካኒክ

chuan zhang

ካፒቴን

ya yi

የጥርስ ሐኪም

ke xue jia

ተመራማሪ

la bi

መምህር

yi ma mu

የሙስሊም ሃይማኖታዊ መሪ

he shang

መነኩሴ

mu shi

ካህን

gong ju
መሳሪያዎች

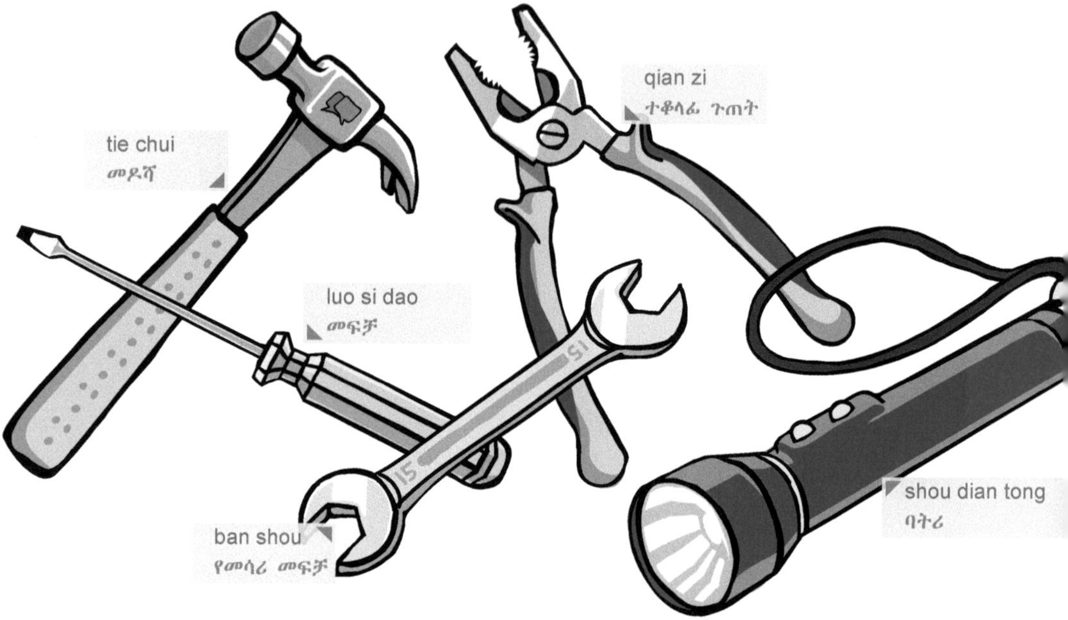

tie chui
መዶሻ
qian zi
ተቆላፊ ጉጠት
luo si dao
መፍቻ
ban shou
የመሳሪ መፍቻ
shou dian tong
ባትሪ

wa jue ji

በቁፋሮ የሚዝቅ

gong ju xiang

የመፍቻ ሳጥን

ti zi

መሰላል

ju zi

መጋዝ

ding zi

ምስማር

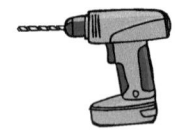

zuan ji

መሰርሰሪያ

xiu

መጠገን

chan zi

አካፋ

kao!

የተረገመ!

bo ji

ቆሻሻ ማፈሻ

you qi tong

የቀለም ቆርቆሮ

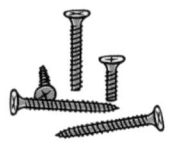

luo si

ብሎን

yue qi

የሙዚቃ መሳሪያዎች

yang sheng qi
የድምፅ ማጉያ መሳርያ
da ji yue qi
የከበሮ መሳሪያዎች
ji ta
ክራር መሰል የሙዚቃ መሳሪያ
xiao hao
የትንፋሽ ሙዚቃ መሳሪያ
di yin ti qin
ድርብ ቤዝ ጊታር

yue qi - የሙዚቃ መሳሪያዎች 57

gang qin

ፒያኖ

xiao ti qin

ቫዮሊን

bei si

ወፍራም፤ጎርናና ድምፅ ያለዉ ክራር መሰል ሙዚቃ መሳሪያ

ding yin gu

ነጋሪት

gu

ከበሮ

dian zi qin

በኤሌክትሪክ የሚሰራ ፒኖ

sa ke si guan

የትንፋሽ ሙዚቃ መሳሪያ

chang di

ዋሽንት

mai ke feng

የድምፅ ማጉያ

dong wu yuan

የደር እንስሳት ማቆያ

ru kou
መግቢያ
lao hu
ነብር
long zi
ሳጥን
ban ma
የሜዳ አህያ
dong wu si liao
የእንስሳ ምግብ
xiong mao
ትልቅ ድብ

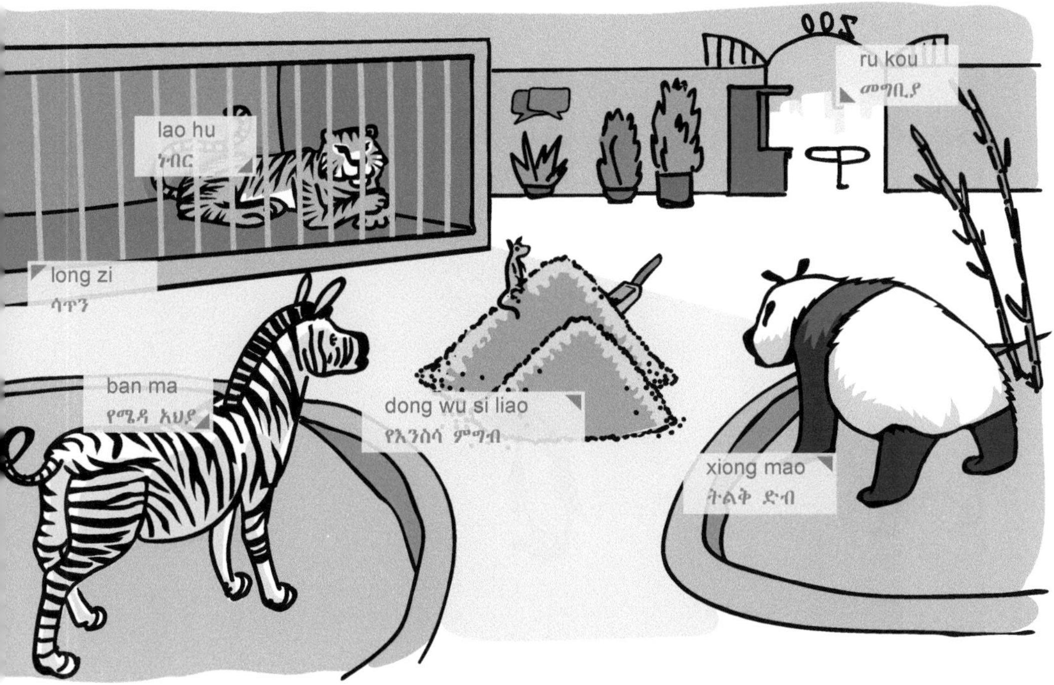

dong wu

እንስሳቶች

da xiang

ዝሆን

dai shu

ካንጋሮ

xi niu

አዉራሪስ

da xing xing

ትልቅ ዝንጀሮ

xiong

ድብ

luo tuo

ግመል

tuo niao

ሰጎን

shi zi

አንበሳ

hou zi

ጦጣ

huo lie niao

ቅልጥመ ረዥም ወፍ

ying wu

በቀቀን

bei ji xiong

የወዋልታ ድብ

qi e

የዋልታ ወፎች

sha yu

ረጅም ጥርሶች ያሉትአሳ ነባሪ

kong que

ጣዎስ

she

እባብ

e yu

አዞ

dong wu yuan guan li yuan

የዱር አራዊት የሚጠበቁበት ማቆያን የሚጠብቅ

hai bao

አሳ በሊታ የባህር እንስሳ

mei zhou bao

የዱር ድመት

ai zhong ma

....

ድንክ ፈረስ

bao

....

ነብር

he ma

....

ጉማሬ

chang jing lu

....

ቀጭኔ

lao ying

....

ንስር

ye zhu

....

ከርከሮ

yu

....

አሳ

gui

....

የባህር ኤሊ

hai xiang

....

የባህር አዉሬ

hu li

....

ቀበሮ

ling yang

....

የሜዳ ፍየል፤ ሚዳቋ

gan lan qiu
የአሜሪካ እግርኳስ

qi zi xing che
የ ስክሌት ስፖርት

wang qiu
ቴኒስ

lan qiu
የቅርጫት ኳስ

you yong
ዋና

quan ji
የቡጢ ስፖርት

bing qiu
የበረዶ ላይ የገና ጨዋታ

ying shi zu qiu

እግር ኳስ

yu mao qiu

የላባ ኳስ ጨዋታ

tian jing

አትሌቲክስ

shou qiu

የእጅ ኳስ ስፖርት

hua xue

የበረዶ መንሸራተት ስፖርት

ma qiu

ፈረስ ግልቢያ

huo dong
እንቅስቃሴዎች

tiao
መዝለል
yong bao
ማቀፍ
xiao
መሳቅ
chang
መዘመር
zou lu
መራመድ
zuo meng
ህልም ማለም
qi dao
መፀለይ
qin wen
መሳም

shu xie

መፃፍ

hua

መሳል

zhan shi

ማሳየት

tui

መግፋት

gei

መስጠት

na

መዉሰድ

you

መያዝ

zuo

ማድረግ

dang

መሆን

zhan

መቆም

pao

መሮጥ

la

መሳብ

reng

መወርወር

shuai dao

መዉደቅ

tang

መዋሸት

deng dai

መጠበቅ

xie dai

መሸከም

zuo

መቀመጥ

chuan yi

መልበስ

shui jiao

መተኛት

xing lai

መንቃት

kan

መመልከት

ku

ማለልቀስ

fu mo

መጫር

shu tou

ማበጠር

jiao tan

ማ ራት

ming bai

መረዳት

wen

ያቄ

ting

ማዳመ

he

መጠጣት

chi

መብላት

qing li

ማንፃት

ai

ማፍቀር

zuo fan

ምግብ ማብሰል

kai che

መንዳት

fei

መብረር

hang xing

መርከብ መንዳት

ji suan

ቁጥሮችን ማስላት

du

ማንበብ

xue xi

መማር

gong zuo

መስራት

jie hun

ማግባት

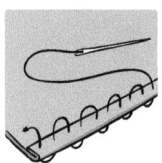

feng

መስፋት

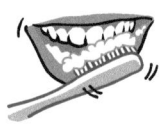

shua ya

ጥርስ መቦረሽ

sha

መግደል

chou yan

ማጨስ

ji

መላክ

zu mu
የሴት አያት
zu fu
የወንድ አያት
fu qin
አባት
mu qin
እናት
ying tong
ህፃን
nü er
ሴት ልጅ
er zi
ወንድ ልጅ

ke ren
እንግዳ

a yi
አክስት

shu shu
አጎት

xiong di
ወንድም

jie mei
እህት

shen ti

አካል

qian e
ግንባር
yan jing
አይን
jian bang
ትከሻ
shou zhi
ጣት
lian
ፊት
xia ba
አገጭ
shou
እጅ
ru fang
ጡት
tui
እግር
shou bi
ክንድ

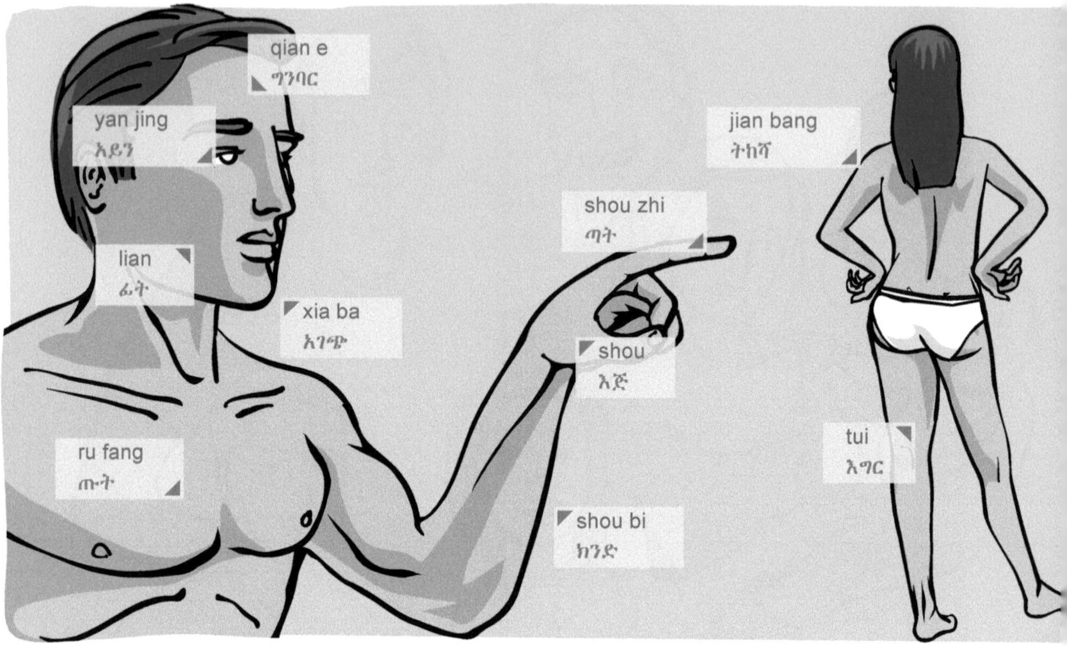

ying tong

ህፃን

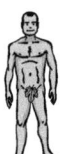

nan ren

ሰዉ

nü ren

ሴት

nü hai

ልጃገረድ

nan hai

ወንድ ልጅ

tou

ራስ

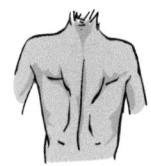

bei bu

ጀርባ

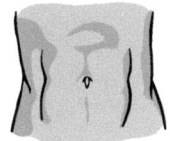

du zi

ሆድ

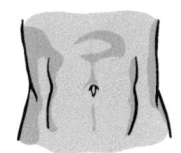

du qi

እምብርት

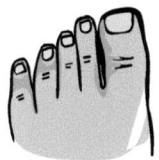

jiao zhi

የእግር ጣት

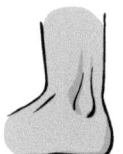

jiao hou gen

ተረከዝ

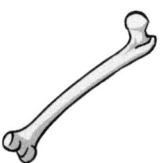

gu tou

አጥንት

tun bu

ዳሌ

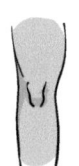

xi gai

ጉልበት

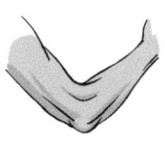

shou zhou

ክርን

bi zi

አፍንጫ

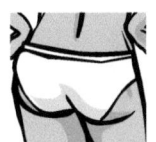

pi gu

ቂጥ

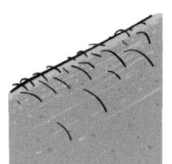

pi fu

ቆዳ

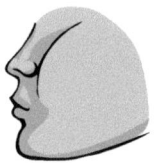

lian jia

ጉንጭ

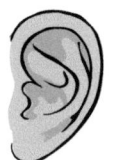

er duo

ጆሮ

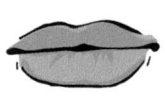

zui chun

ከንፈር

zui

አፍ

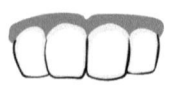

ya chi

ጥርስ

she tou

ምላስ

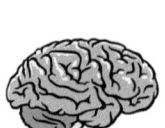

nao

አንጎል

xin zang

ልብ

ji rou

ጡንቻ

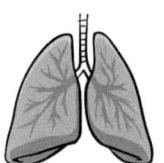

fei

ሳምባ

gan zang

ጉበት

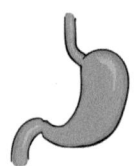

wei

ሆድ

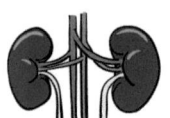

shen zang

ኩላሊቶች

xing jiao

የግብረስጋ ግንኙነት

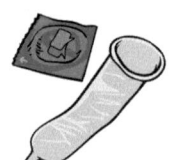

bi yun tao

ኮንዶም

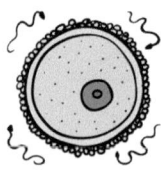

luan zi

የሴት እንቁላል

jing zi

የዘር ፈሳሽ

huai yun

እርግዝና

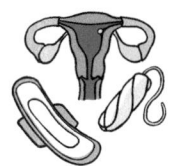

yue jing

የወር አበባ

yin dao

እምስ

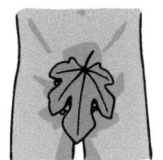

yin jing

ቁላ

mei mao

ቅንድብ

tou fa

ፀጉር

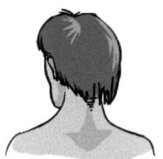

bo zi

አንገት

yi yuan

ሆስፒታል

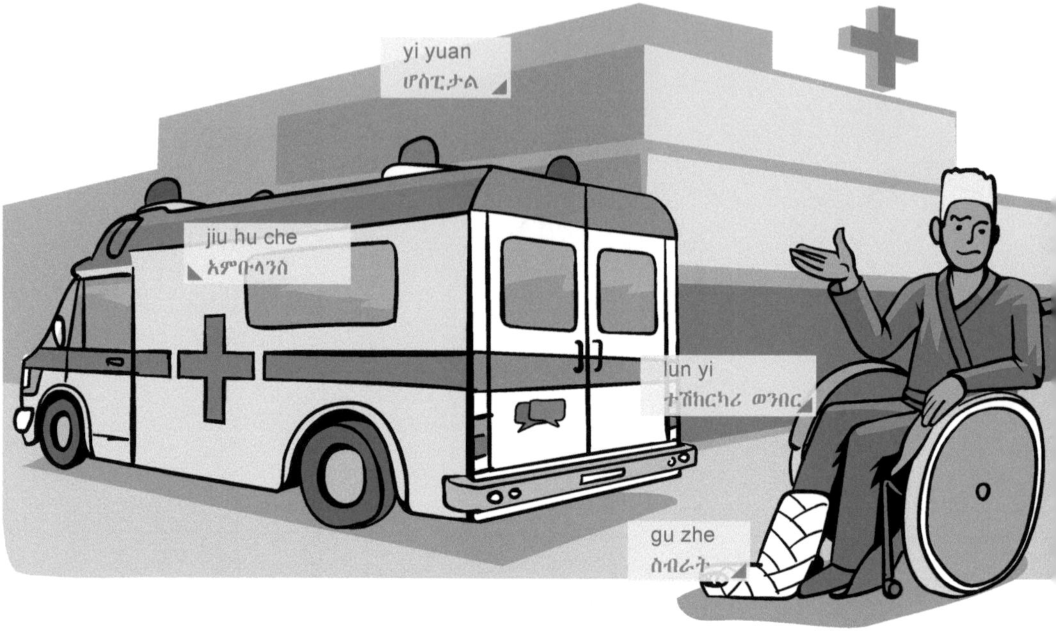

yi yuan
ሆስፒታል
jiu hu che
አምቡላንስ
lun yi
ተሽከርካሪ ወንበር
gu zhe
ስብራት

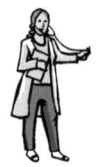

yi sheng

ዶክተር

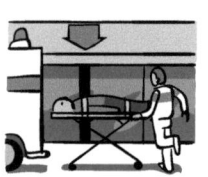

ji zhen shi

ድንገተኛ ክፍል

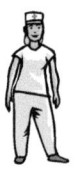

hu shi

ነርስ

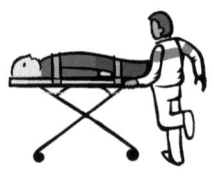

jin ji qing kuang

ድንገተኛ

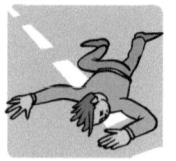

hun mi

ራስን መሳት/ አለማወቅ

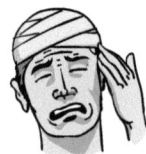

tong

ህመም

shou shang

ጉዳት

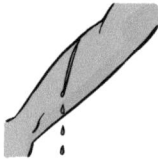

chu xue

መድማት

xin zang bing fa zuo

የልብ ድካም

zhong feng

ስትሮክ

guo min

አለርጂ

ke sou

ሳል

fa shao

ትኩሳት

liu gan

ኢንፍሎዌንዛ

fu xie

ተቅማጥ

tou tong

የራስ ምታት

ai zheng

ካንሰር

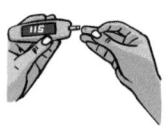

tang niao bing

የስኳር በሽታ

wai ke yi sheng

ቀዶ ጠጋኝ ሐኪም

shou shu dao

የቀዶ ጥገና ስለት

shou shu

ቀዶ ጥገና

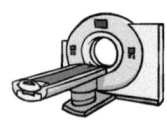

CT

ሲቲ

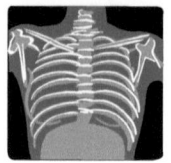

X guang

ኤክስሬዬ

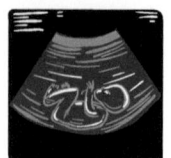

chao sheng bo

አልትራሳዉንድ

kou zhao

የፊት ጭምብል

ji bing

በሽታ

hou zhen shi

መጠበቂያ ክፍል

guai zhang

ምርኩዝ

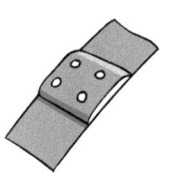

shi gao

የቁስል ማሸጊያ

beng dai

ፋሻ

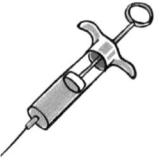

zhu she

መርፌ

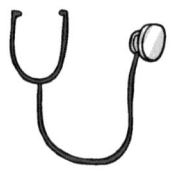

ting zhen qi

የልብ ምት ማዳመጫ መሳሪያ

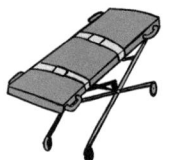

dan jia

የበሽተኛ አልጋ

ti wen ji

የህክምና ሙቀት መለኪያ መሳሪያ

chu sheng

መውለድ

chao zhong

ከልክ ያለፈ ክብደት

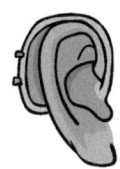

zhu ting qi

ለመስማት የሚረዳ መሳሪያ

xiao du ye

ፀረ ተባይ መድሀኒት

gan ran

ማመርቀዝ

bing du

ቫይረስ

ai zi bing

ኤች አይቪ ኤድስ

yao wu

ህክምና

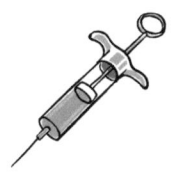

jie zhong yi miao

ክትባት

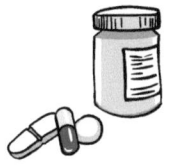

yao pian

ኪኒን

yao wan

ኪኒን

ji jiu dian hua

አስቸኳይ የስልክ ጥሪ

xue ya ji

ደም ግፊት መቆጣጠሪያ

sheng bing/jian kang

ህመም/ ጤንነት

jin ji qing kuang

ድንገተኛ

jiu ming!

እርዳታ!

jing bao

ማንቂያ ደዉል

tu ji

ጥቃት

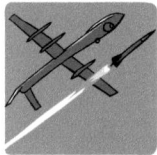

gong ji

ድብደባ

wei xian

አደጋ

jin ji chu kou

የድንገተኛ መዉጫ

zhao huo la!

እሳት!

mie huo qi

እሳት ማጥፊያ

yi wai

አደጋ

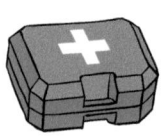

ji jiu xiang

የመጀመሪያ እርዳታ መድሃኒት መያዣ

hu jiu xin hao

ነፍስ አድን

jing cha

ፖሊስ

ou zhou

አውሮፓ

bei mei zhou

ሰሜን አሜሪካ

nan mei zhou

ደቡብ አሜሪካ

fei zhou

አፍሪካ

ya zhou

እስያ

ao zhou

አውስትራሊያ

da xi yang

አትላንቲክ

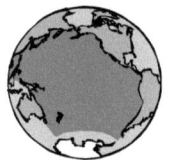

tai ping yang

ፓስፊክ

yin du yang

የህንድ ዉቅያኖስ

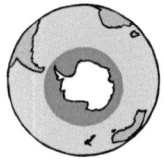

nan bing yang

አንታርክቲክ ዉቅያኖስ

bei bing yang

አርክቲክ ዉቅያኖስ

bei ji

ሰሜን ዋልታ

nan ji

ደቡብ ዋልታ

nan ji zhou

አንታርክቲካ

di qiu

ምድር

lu di

መሬት

hai

ባህር

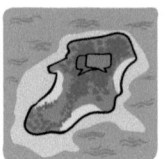

dao

ደሴት

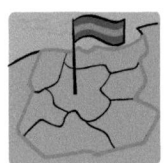

guo jia

አገርና ህዝብ

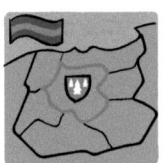

guo jia

መንግስት

zhong biao

ሰዓት

zhong mian

የሰዓት ገፅታ

shi zhen

ሰዓት

fen zhen

ደቂቃ

miao zhen

ሴኮንድ

xian zai ji dian?

ስንት ሰዓት ነው?

tian

ቀን

shi jian

ጊዜ

xian zai

አሁን

dian zi biao

የቁጥር ሰዐት

fen

ደቂቃ

shi

ሰዓታት

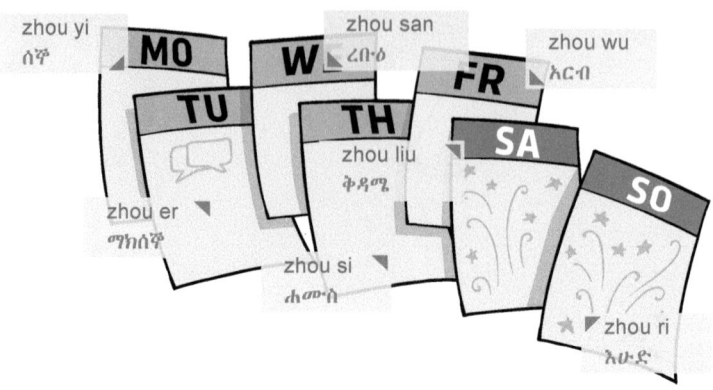

zhou

ሳምንት

zhou yi
ሰኞ
zhou san
ረቡዕ
W
zhou wu
zhou liu
ቅዳሜ
SA
zhou er
ማክሰኞ
zhou si
ሐሙስ
zhou ri
እሁድ

zuo tian

ትላንት

jin tian

ዛሬ

ming tian

ነገ

zao chen

ማለዳ

zhong wu

ቀትር

wan shang

ምሽት

gong zuo ri

የስራ ቀናት

zhou mo

የዕረፍት ቀናት

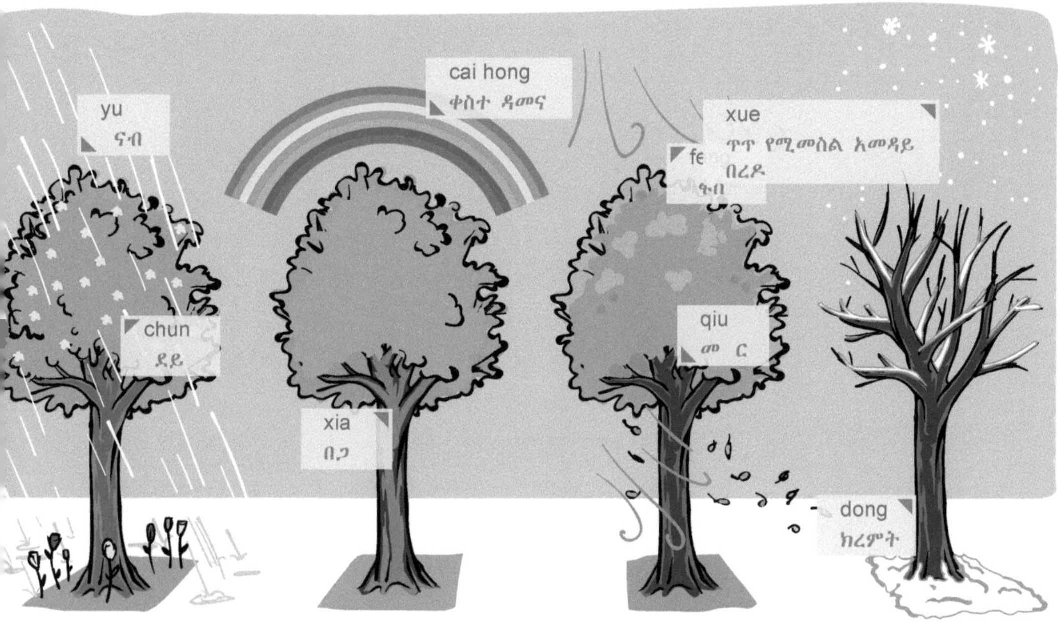

yu
ናብ
cai hong
ቀስተ ዳመና
xue
ጥጥ የሚመስል አመዳይ
በረዶ
fe
ፋብ
chun
ደይ
xia
በጋ
qiu
መ ር
dong
ክረምት

4.APRIL 11°
5.APRIL 4°
6.APRIL 13°
7.APRIL 8°
8.APRIL 10°

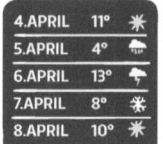

tian qi yu bao

የአየር ሁኔታ ትንበያ

F
C
120
90
60
30
0
-30
40
30
20
10
0
-10
-20

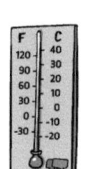

wen du ji

የሙቀት መለኪያ

yang guang

የ ሀይ ሙቀት

yun

ደመና

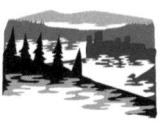

wu

ጭጋግ

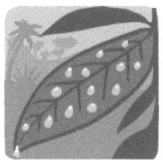

chao shi

እርጥበታማ ት

shan dian

መብረቅ

da lei

ነጎድጓድ

feng bao

አዉሎ ንፋስ

bing bao

የበረዶ ዝናብ

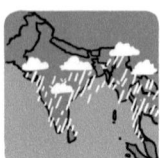

ji feng

አዉሎ ንፋስ

hong shui

ጎርፍ

bing

በረዶ

yi yue

ጥር

er yue

የካቲት

san yue

መጋቢት

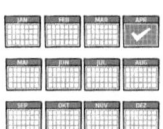

si yue

ሚያዚያ

wu yue

ግንቦት

liu yue

ሰኔ

qi yue

ሐምሌ

ba yue

ነሀሴ

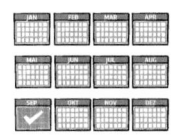

jiu yue

መስከረም

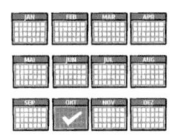

shi yue

ጥቅምት

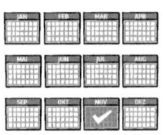

shi yi yue

ህዳር

shi er yue

ታህሳስ

xing zhuang
ቅርፆች

yuan xing

ክብ

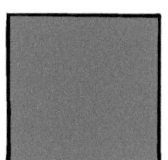

zheng fang xing

አራት ማዕዘን

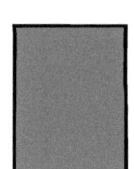

chang fang xing

አራት ቀጥተኛ ማዕዘኖች ጎኖች ያሉት ቅርፅ

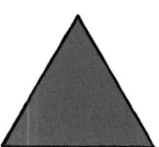

san jiao xing

ሶስት ማዕዘን

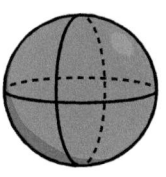

qiu ti

ሉል

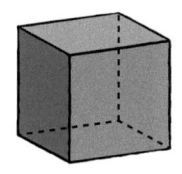

li fang ti

ስድስት ጎን ያለዉ ቅርፅ

yan se
ቀለማት

bai

ነጭ

huang

ቢጫ

cheng

ብርቱካናማ

fen

ሮዝ

hong

ቀይ

zi

ወይን ጠጅ

lan

ሰማያዊ

lü

አረንጓዴ

zong

ቡኒ

hui

ግራጫ

hei

ጥቁር

hen duo/shao xu

ብዙ/ ጥቂት

sheng qi/ping jing

ንዴት/ እርጋታ

mei/chou

ቆንጆ/ አስቀያሚ

shou/wei

ጅማሬ/ ፍፃሜ

da/xiao

ትልቅ/ ትንሽ

ming/an

ደማቅ/ ደብዛዛ

xiong di/jie mei

ወንድም/ እህት

gan jing/ang zang

ንፁህ/ ቆሻሻ

wan zheng/que shi

የተሟላ/ ያልተሟላ

bai tian/wan shang

ቀን/ ምሽት

si/sheng

የሞተ/ ህያዉ

kuan/zhai

ሰፊ/ ጠባብ

ke shi yong/fei shi yong

የሚበላ/ የማይበላ

xie e/shan liang

ክፉ/ ደግ

xing fen/wu liao

ደስተኛ/ ድብርተኛ

pang/shou

ወፍራም/ ቀጭን

di yi/zui hou

መጀመርያ/ መጨረሻ

peng you/di ren

ጓደኛ/ ጠላት

man/kong

ሙሉ/ ጎዶሎ

ying/ruan

ጠንካራ/ ለስላሳ

zhong/qing

ከባድ/ ቀላል

e/ke

ረሃብ/ ጥማት

sheng bing/jian kang

ህመም/ ጤንነት

fei fa/he fa

ህገወጥ/ ህጋዊ

cong ming/yu ben

ጎበዝ/ ደደብ

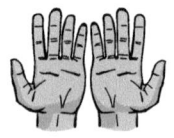

zuo/you

ግራ/ ቀኝ

jin/yuan

ቅርብ/ ሩቅ

xin/jiu

አዲስ/ አሮጌ

mei you/you xie

ምንም/ የሆነ ነገር

lao/you

ሽማግሌ/ ወጣት

kai/guan

የበራ/ የጠፋ

da kai/he shang

ክፍት/ ዝግ

an jing/chao nao

ፀጥታ/ ጫጫታ

fu/qiong

ሃብታም/ ደሃ

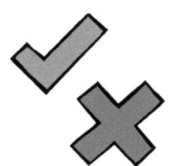

dui/cuo

ትክክለኛ/ የተሳሳተ

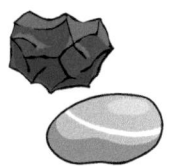

cu cao/guang hua

ሻካራ/ ለስላሳ

shang xin/gao xing

ሐዘን/ ደስታ

duan/chang

አጭር/ ረዥም

man/kuai

ዝግተኛ/ ፈጣን

shi/gan

እርጥብ/ ደረቅ

wen nuan/liang shuang

ሞቃት/ ቀዝቃዛ

zhan zheng/he ping

ጦርነት/ ሰላም

shu zi

ቁጥሮች

0 ling ዜሮ	1 yi አንድ	2 er ሁለት
3 san ሶስት	4 si አራት	5 wu አምስት
6 liu ስድስት	7 qi ሰባት	8 ba ስምንት
9 jiu ዘጠኝ	10 shi አስር	11 shi yi አስራ አንድ

12
shi er

አስራ ሁለት

13
shi san

አስራ ሶስት

14
shi si

አስራ አራት

15
shi wu

አስራ አምስት

16
shi liu

አስራ ስድስት

17
shi qi

አስራ ሰባት

18
shi ba

አስራ ሰስምንት

19
shi jiu

አስራ ዘጠኝ

20
er shi

ሃያ

100
bai

መቶ

1.000
qian

ሽህ

1.000.000
bai wan

ሚሊዮን

yu yan
ቋንቋዎች

ying yu

እንግሊዝኛ

mei shi ying yu

የአሜሪካ እንግሊዝኛ

pu tong hua

የቻይና ማንዳሪን

yin di yu

ሂንዱ

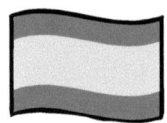

xi ban ya yu

ስፓኒሽ

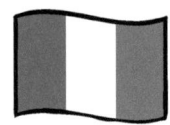

fa yu

ፍሬንች

a la bo yu

አረብኛ

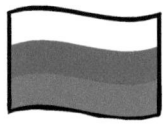

e yu

ራሺያኛ

pu tao ya yu

ፖርቹጊዝ

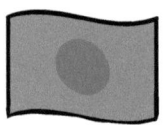

feng jia la yu

ቤንጋሊ

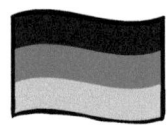

de yu

ጀርመን

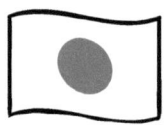

ri yu

ጃፓንኛ

shei / shen me / zen yang

ማን/ ምን/ እንዴት

wo

እኔ

ni

አንተ

ta/ta/ta

እሱ/ እርሷ/ እቃዉ

wo men

እኛ

ni men

አንተ

ta men

እነርሱ

shei?

ማን?

shen me?

ምን?

zen yang?

እንዴት?

na li?

የት?

shen me shi hou?

መቼ?

ming zi

ስም

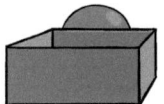

fang wei

የት

hou mian

በስተጀርባ

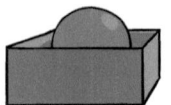

li mian

ዉስጥ

qian mian

ከፊት ለፊት

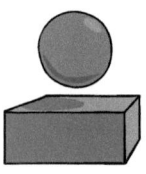

shang fang

ከላይ

shang mian

ላይ

xia mian

ከስር

pang bian

አጠገብ

zhong jian

መሃከል

di dian

ቦታ